Género Texto expositivo

¿? Pregunta esencial

¿Qué hace que un evento histórico sea único?

De ruedas a alas:

Cómo Wilbur y Orville Wright cambiaron la forma en que nos movemos

Susan Sklar

Introducción

Hoy el transporte es mucho más rápido, seguro y fácil que antes. En el pasado, nadie soñaba con volar en aviones a reacción o viajar en trenes de alta velocidad. A principios de 1800, se tardaba unos seis meses ir de Nueva York a California. La gente viajaba en carretas, o vehículos grandes tirados por caballos o bueyes, en senderos polvorientos y peligrosos. El viaje era largo y difícil. En 1869, se finalizó el primer ferrocarril **transcontinental** que unía las costas este y oeste del país.

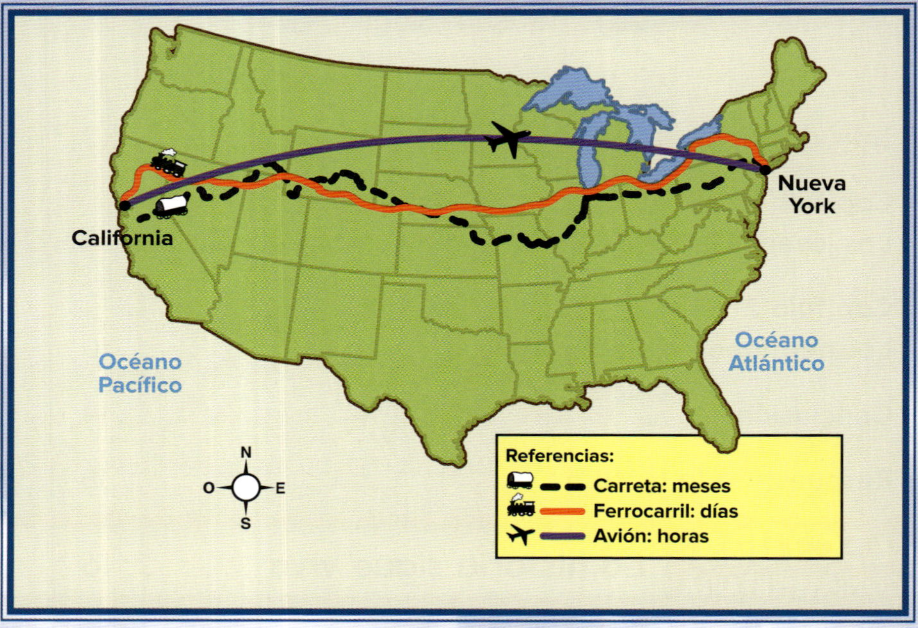

Antes de la invención del avión, viajar a través del país era largo y difícil.

Los descendientes de aquellos primeros viajeros podían viajar a través de Estados Unidos en tren en tres días y medio. Hoy, un vuelo de costa a costa tarda alrededor de seis horas. Podemos agradecer a Wilbur y Orville Wright por ese logro. Los hermanos cambiaron la forma en que viajamos.

Los hermanos Wright construyeron el primer avión a motor en 1903.

Capítulo 1: Los jóvenes inventores

Wilbur y Orville Wright crecieron en Dayton, Ohio. Provenían de una familia numerosa y muy unida. Tenían cinco hermanos. Wilbur nació el 16 de abril de 1867. Orville nació cuatro años más tarde, el 19 de agosto de 1871.

Desde temprana edad los hermanos se interesaron por la **mecánica**. Les gustaba descubrir cómo funcionaban las cosas, desarmaban objetos y los volvían a armar. Wilbur y Orville disfrutaban jugar juntos y, en especial, les divertía volar cometas. **Experimentaron** con cometas ¡e incluso hicieron sus propias cometas!

¡Haz tu propia cometa!

Materiales: papel, regla, lápiz, engrapadora, cuerda

1 Dobla una hoja de papel por la mitad del lado más largo.

2 Marca un punto sobre el doblez a unas 2 pulgadas del extremo. Luego marca otro punto a 2 pulgadas del anterior.

Los padres de Wilbur y Orville siempre apoyaban a sus hijos y apreciaban su talento. Un día, el padre les regaló un juguete muy especial. Parecía un pequeño helicóptero con una **hélice**. La hélice estaba unida a una liga de goma. Cuando hicieron girar la hélice, la liga se enrolló. Cuando la soltaron, la liga se desenrolló e hizo que la hélice girara.

La hélice giratoria hizo que helicóptero se elevara en el aire. Los niños estaban muy emocionados y su entusiasmo por volar les duró toda la vida.

3 Dobla una esquina hasta el primer punto que marcaste. Haz lo mismo con la del otro lado. Engrapa las esquinas juntas en ese punto.

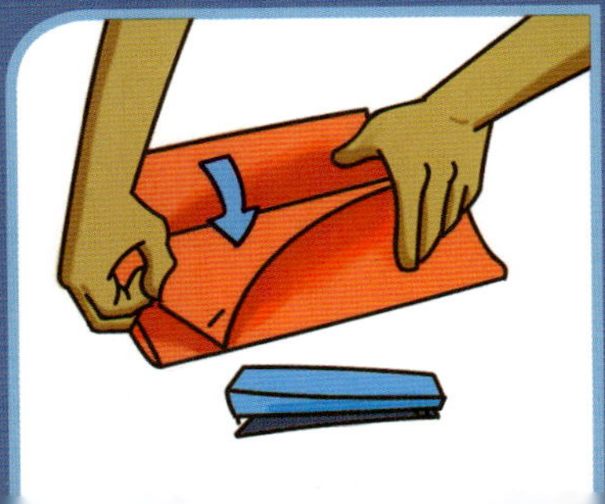

4 Haz un agujero por el segundo punto que dibujaste. Pasa una cuerda larga a través de él. Haz un nudo o coloca cinta adhesiva.

Wilbur Wright en 1905

Los hermanos eran muy cercanos, pero tenían personalidades muy diferentes. Wilbur era serio, tranquilo y le gustaba estudiar. Era un estudiante atento y agradable que se esforzaba en la escuela y obtenía buenas calificaciones. El estudio era muy placentero para él.

Cuando Wilbur tenía dieciocho años, tuvo un accidente grave. Mientras jugaba al hockey con sus amigos le pegaron en la cara con el palo. Tuvo que dejar la escuela y quedarse en casa. Pero Wilbur continuó su educación, estudiando por su cuenta y leyendo muchos libros de la biblioteca de su padre.

Los hermanos usaron su imprenta para publicar "West Side News", un periódico semanal para su comunidad.

Orville era extrovertido, seguro de sí mismo y activo. Le gustaban los desafíos y experimentar con nuevas ideas. Pero no le gustaba la escuela y a veces no asistía a clase. A mediados de la década de 1880, Orville se interesó por la impresión. Su padre lo ayudó a comenzar un pequeño negocio de impresión. Imprimía tarjetas y documentos cortos.

Orville Wright en 1905

Pronto Orville se sintió inquieto y quiso hacer trabajos más grandes. Necesitaba una máquina de impresión más grande, o una imprenta. Pero no la compró. En su lugar, Orville y Wilbur diseñaron y construyeron su propia imprenta. Sabían como trabajar bien en conjunto.

La bicicleta Van Cleve se vendía por $65 en 1896.

En 1887, las bicicletas eran muy populares en Estados Unidos. Su popularidad aumentó en la década de 1890 por la explosión demográfica. En 1893, Orville y Wilbur abrieron un pequeño taller de bicicletas. Sus amigos sabían que los hermanos eran expertos en fabricar y reparar artefactos mecánicos y les llevaban sus bicicletas al taller para repararlas. Pronto Orville y Wilbur comenzaron a diseñar y fabricar sus propias bicicletas. Diseñaron y construyeron dos modelos de bicicletas, "Van Cleve" y "St. Clair".

Los hermanos también inventaron una nueva característica de seguridad. En el 1900, los pedales de las bicicletas estaban sujetos por una barra. Como resultado, al pedalear, uno de los pedales se desatornillaba y se caía. Los hermanos Wright diseñaron una nueva manera de atornillar los pedales. De esta manera los pedales no se caían mientras el ciclista pedaleaba. Muchas bicicletas siguen usando este diseño en la actualidad.

Los hermanos Wright en su taller.

Capítulo 2: Los hermanos levantan vuelo

A finales de 1800, muchos inventores estaban experimentando con la construcción de máquinas voladoras, como los **planeadores**. Wilbur y Orville siempre estuvieron interesados en las máquinas voladoras. Siempre recordaban su helicóptero de juguete y su entusiasmo cuando lo hicieron volar. Comenzaron a estudiar **aviación**. Querían diseñar y construir un planeador.

Las distintas personalidades de los hermanos crearon un equipo perfecto. Wilbur pensaba en nuevas ideas y Orville las convertía en realidad. Los hermanos trabajaron y experimentaron durante años con diseños para planeadores. Utilizaron todos los recursos disponibles. Estudiaron cómo los pájaros usaban sus alas para volar. Esto les ayudó a diseñar alas que pudiesen elevar los planeadores. Finalmente, estaban listos para su primera prueba.

Los hermanos buscaban el lugar perfecto para probar el planeador. Necesitaban fuertes vientos para que permaneciera en el aire. Era importante hallar un lugar arenoso. Si el planeador tocaba el suelo, la arena suavizaría el **aterrizaje**. Y querían un lugar con una población pequeña porque no querían que mucha gente observara sus experimentos. Eligieron Kitty Hawk, Carolina del Norte porque cumplía con estos requisitos.

Los primeros planeadores

Un planeador es un avión que no tiene motor. El viento y el movimiento del aire sobre sus alas mantienen al planeador en el aire. Hoy, los pilotos usan palancas de mando para controlar los planeadores modernos. Los planeadores no pueden elevarse en el aire por sí mismos. Deben elevarse por vientos fuertes o ser arrastrados al aire por un avión a motor.

1865 1875 1885

1867 Nace Wilbur Wright.

1871 Nace Orville Wright.

1878 Su padre les compra un helicóptero de juguete.

1883 Abren un taller de bicicletas.

Pioneros del vuelo

La línea cronológica de arriba muestra las fechas importantes en la vida de los hermanos Wright.

En 1901 y 1902, los hermanos hicieron su primera prueba en Kitty Hawk. El primer vuelo solo duró unos segundos. Los hermanos repararon las partes dañadas del planeador e hicieron algunas modificaciones. El segundo vuelo duró un poco más.

Pronto, los hermanos estaban listos para el próximo paso. Querían diseñar un avión a motor. Regresaron a su casa para comenzar a trabajar en su nueva idea. Fabricaron un motor para mover el planeador y le agregaron hélices. Además, diseñaron cómo dirigir el planeador una vez en el aire. Esto transformó el planeador en un avión a motor.

Library of Congress Prints & Photographs Division [LC-DIG-ppprs-00626]

1895 | 1905 | 1910

1901–1902
Prueban su primer planeador en Kitty Hawk.

1903
Vuelan con éxito su primer avión a motor.

1909
Reciben la Medalla de Honor del Congreso por su trabajo en aviación.

Los hermanos Wright estaban listos para probar su primer avión. En 1903 regresaron a Kitty Hawk. Su primera prueba falló. El avión se elevó en el aire pero cayó rápidamente y se rompió en pedazos. Los hermanos repararon el avión. En pocos días estaban listos para probar su avión nuevamente.

El segundo intento tuvo éxito. Tuvo una duración de solo 12 segundos y voló 120 pies. Pero fue el primer avión a motor. Estaba dirigido por un piloto y aterrizó sin problemas. Los hermanos Wright hicieron historia en los medios de transporte. ¡Habían inventado el avión!

Neil Armstrong tomó esta foto de Buzz Aldrin en la Luna.

Los hermanos Wright en la Luna

En julio de 1969, los astronautas estadounidenses Neil Armstrong y Buzz Aldrin fueron los primeros en llegar a la Luna. Llevaron pequeños trozos del primer avión de los hermanos Wright. Hicieron esto en honor al gran logro de Wilbur y Orville al inventar el avión.

Conclusión

Los hermanos Wright continuaron diseñando y construyendo mejores aviones. Mejoraron el motor, los controles y la hélice. En 1905, hicieron el vuelo más largo. El avión voló 24 millas en 39 minutos.

En 1908, todo el mundo conocía a estos grandes inventores. ¿Por qué tuvieron tanto éxito? Desde su infancia los hermanos estaban interesados en volar. Nunca olvidaron el helicóptero de juguete que les había regalado su padre. Tuvieron ideas brillantes y sabían cómo hacerlas realidad. Trabajaron juntos para alcanzar su sueño. Ellos inventaron el avión y cambiaron la forma en que nos movemos.

Respuesta a la lectura

Resumir

Usa palabras, frases y fechas que muestren el orden en el que ocurrieron los sucesos.

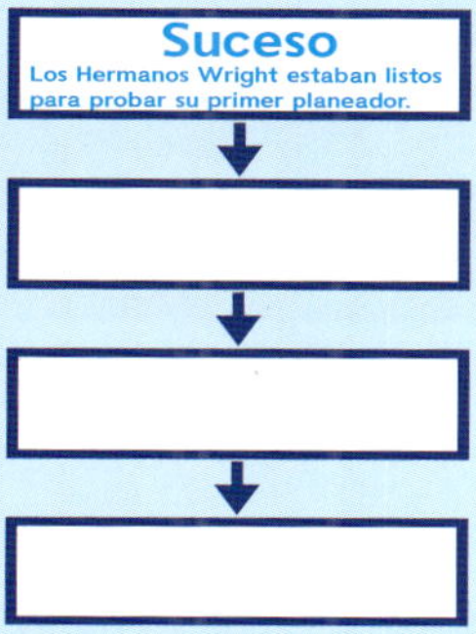

Evidencia en el texto

1. *De ruedas a alas* es un texto expositivo. Este tipo de texto incluye hechos y datos sobre un tema. Pueden describir sucesos reales de la historia. Halla dos datos que demuestren que este texto es expositivo. GÉNERO
2. Enumera cinco palabras o frases que muestran el orden en que ocurrieron los sucesos. SECUENCIA
3. Un sufijo es la parte que se agrega al final de una palabra. El sufijo se agrega a la raíz de la palabra y cambia su significado. Halla una palabra con sufijo en las páginas 9 y 10. Subraya el sufijo y escribe la definición de la palabra. SUFIJOS
4. Escribe un párrafo sobre cómo el avión ha cambiado la vida de las personas. ESCRIBIR SOBRE LA LECTURA

Género **Texto expositivo**

Compara los textos

Lee sobre un sitio web que revive la historia.

La historia sigue viva

Hoy en día, internet te permite compartir tu vida con gente de todo el mundo. Puedes escribir un blog, publicar fotografías tuyas y de tus amigos y comunicarte utilizando las redes sociales. Imagina qué interesante sería si, leyendo lo que escribieron los nuevos colonos y viendo sus fotografías, pudieras experimentar lo que vivieron en las praderas. Gracias a la Biblioteca del Congreso, ¡puedes hacerlo!

American Memory es una sección muy especial del sitio web de la Biblioteca del Congreso, en la cual puedes ver cartas, fotografías y mapas, y escuchar grabaciones antiguas. Esta colección ayuda a que la historia siga viva para nosotros.

Ariel Skelley/Blend Images/Getty Images

Puedes usar internet para aprender historia.

Antes de que existieran los mensajes instantáneos o el correo electrónico, la gente escribía cartas. Muchos colonos lo hacían porque se habían separado de sus familias para mudarse a la pradera. En el sitio *American Memory* puedes leer las cartas que escribió Uriah Oblinger, un colono de Nebraska. Le escribía a su esposa Mattie antes de que ella se fuera a vivir con él a Nebraska.

En sus cartas, Uriah le cuenta a Mattie cómo es la vida en la pradera y cómo es una nevasca. También le cuenta sobre los alimentos que come y la gente que conoce. Al encontrar el terreno que desea pedir, se lo describe a Mattie. Leer estas cartas nos ayuda a entender cómo era la vida realmente.

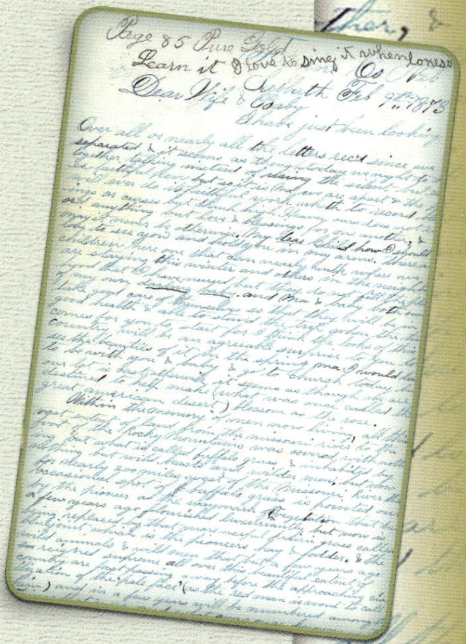

Uriah Oblinger le escribió muchas cartas como esta a su esposa Mattie

Además de las cartas de Uriah, hay fotografías tomadas por Solomon D. Butcher. Estas imágenes documentan la historia de la inmigración en las Grandes Llanuras.

Las fotografías de Solomon Butcher nos muestran los rostros de las personas que construyeron una nueva vida en las praderas.

Solomon Butcher fotografió a Mary Longfellow, una colona que era maestra.

Podemos ver cómo se vestía la gente y cómo eran las casas. Incluso, podemos ver lo difícil que era vivir allí. Las fotografías, como las tomadas por Solomon Butcher, nos ayudan a apreciar un estilo de vida que ya no existe.

Imagina todo lo que nos habríamos perdido si se hubieran tirado las cartas de Uriah y Mattie. Imagina si nadie hubiera guardado las fotografías de Solomon Butcher. Es importante conservar estos tesoros del pasado. Échales un vistazo.

http://memory.loc.gov/ammem/index.html

Haz conexiones

¿Por qué crees que se escribió el texto *La historia sigue viva*? **PREGUNTA ESENCIAL**

¿Cómo pueden las cartas y las fotografías de *La historia sigue viva* ayudarte a comprender *La vida de los nuevos colonos*? **EL TEXTO Y OTROS TEXTOS**

Glosario

aterrizar volver a tierra después de un vuelo ***(página 10)***

aviación la práctica de dirigir o volar aviones ***(página 10)***

colono persona a la que el gobierno de Estados Unidos le otorgó unas tierras para vivir y cultivar ***(página 2)***

dirigir conducir en la dirección en que un objeto, como un automóvil o un avión se mueven ***(página 12)***

experimentaron hicieron algo a modo de prueba ***(página 4)***

hélice dispositivo con aspas que giran rápidamente y hacen que el avión se mueva ***(página 5)***

mecánica información sobre sobre la manera en que algo funciona ***(página 4)***

planeador avión que vuela sin motor ***(página 10)***

transcontinental viaje a través de continentes ***(página 2)***

Índice

Enfoque:

Estudios Sociales

Propósito Aprender sobre otras personas que hicieron contribuciones importantes a la aviación.

Procedimiento

Paso 1 Selecciona una persona que haya logrado algo importante en la aviación.

Paso 2 Escribe un párrafo que describa lo que averiguaste sobre esa persona y lo que hizo.

Paso 3 Intercambia información con otros compañeros.

Paso 4 En un grupo pequeño, hagan una lista de las personas sobre las cuales aprendieron y lo que lograron.